Bibliografische Information der Deutschen Nationalbibliothek:

Die Deutsche Bibliothek verzeichnet diese Publikation in der Deutschen National-
bibliografie; detaillierte bibliografische Daten sind im Internet über http://dnb.d-
nb.de/ abrufbar.

Impressum:

Copyright © 2019 GRIN Verlag
Druck und Bindung: Books on Demand GmbH, Norderstedt Germany
ISBN: 9783668964761

Dieses Buch bei GRIN:

https://www.grin.com/document/476757

Felix Winter

Kontrollüberzeugung. Kritische Betrachtung von Motivationstrainings, explizite und implizite Motive

GRIN Verlag

GRIN - Your knowledge has value

Der GRIN Verlag publiziert seit 1998 wissenschaftliche Arbeiten von Studenten, Hochschullehrern und anderen Akademikern als eBook und gedrucktes Buch. Die Verlagswebsite www.grin.com ist die ideale Plattform zur Veröffentlichung von Hausarbeiten, Abschlussarbeiten, wissenschaftlichen Aufsätzen, Dissertationen und Fachbüchern.

Besuchen Sie uns im Internet:

http://www.grin.com/

http://www.facebook.com/grincom

http://www.twitter.com/grin_com

Einsendeaufgaben

Zum Modul Allgemeine Psychologie II (BAPSY2)

Aufgabengruppe B

abgegeben am 05. Mai 2019

SRH Fernhochschule

Modul: BAPSY2

Studiengang: 132 (B. Sc.) Wirtschaftspsychologie

Von

Felix Winter

Studiengang: 132 (B. Sc.) Wirtschaftspsychologie

2

Abkürzungsverzeichnis

IAT   Impliziter Assoziationstest

NLP   Neurolinguistisches Programmieren

OMT   Operanter Motivtest

TAT   Thematischer Apperzeptionstest

Aufgabenteil B1

Die Begriffe „Lokation der Kontrolle" (englisch: locus of control) und „Kontrollüberzeugung" sind Synonyme für dasselbe Konzept: Wie sehr kann der Mensch subjektiv über sein eigenes Schicksal bestimmen und wie sehr wird sein Schicksal von äußeren Faktoren bestimmt? Schon diese kurze Beschreibung zeigt, dass im Wesentlichen zwei Extreme der Kontrollüberzeugung existieren. Einerseits ist die internale Kontrollüberzeugung (internal locus of control) denkbar, also die Überzeugung, zukünftige Ereignisse oder das Erreichen von Zielen seien direkt abhängig vom eigenen Verhalten, man könne sie also kontrollieren und hat damit also sein „Schicksal selbst in der Hand". Andererseits wird als externale Kontrollüberzeugung (external locus of control) die Überzeugung bezeichnet, dass man selbst keine/nur wenig Kontrolle hat, sondern Ereignisse von äußeren Umständen wie beispielsweise Glück, Zufall oder auch anderen Menschen kontrolliert werden (Weiner, 1994, S. 195; Ahle, 2002, S. 32-34).

Das Konzept der Kontrollüberzeugung entstammt der von Julian Rotter entwickelten sozialen Lerntheorie, die wiederum auf Albert Banduras sozial-kognitiver Lerntheorie aufbaut. Rotter versuchte, inter- und intraindividuelle Unterschiede im Entscheidungsverhalten als Teilaspekt der Persönlichkeit durch die Betrachtung erlernter Sozialverhaltensweisen zu erklären. Rotter betrachtete also die Persönlichkeit eines Menschen als ein seit der Geburt durch Lernprozesse in sozialen Kontexten entstandenes Konstrukt. Er postulierte, dass die Wahrscheinlichkeit, dass ein bestimmtes Verhalten in einer bestimmten Situation gezeigt wird, nicht nur von dem Wert, den das erwünschte Ergebnis für die Person hat, abhängt, sondern auch von der Erwartung, wie wahrscheinlich die Verhaltensweise überhaupt zu dem gewünschten Ergebnis führt (Fuchs, 2019, S. 10-19; Jansen, 2018, S. 33).

Die Einschätzung der Wahrscheinlichkeit, mit der ein Verhalten (aus subjektiver Sicht des Menschen) zu dem gewünschten Ergebnis führt, ist nun der Ansatz-

punkt der Kontrollüberzeugung: liegt in einer Situation eine internale Kontrollüberzeugung vor, hängt die Wahrscheinlichkeit von der Einschätzung der Selbstwirksamkeit (self-efficacy) ab. Liegt hingegen eine externale Kontrollüberzeugung vor, wird die Wahrscheinlichkeit (subjektiv eingeschätzt) durch externe Faktoren kontrolliert, das gewünschte Ergebnis kann also aus Sicht des Subjektes
entweder für jedermann unmöglich zu erreichen sein, oder nur für andere Men-
schen/unter anderen Umständen. Diese beiden Extreme stellen dabei die gegen-
sätzlichen Enden eines Spektrums dar, auf dem sich die spezifische Kontrollüberzeugung eines Menschen auf die Situation bezogen bewegt. Da die spezifischen Kontrollüberzeugungen in verschiedenen Situationen einzeln erlernt werden, können sich die spezifischen Kontrollüberzeugungen auch intraindividuell
zwischen Situationen unterscheiden (Weiner, 1994, S. 195).

Im Laufe seines Lebens erlernt der Mensch also für verschiedene Situationen
zugehörige spezifische Kontrollüberzeugungen. Was passiert aber, wenn eine
neue, unbekannte Situation vorkommt, man also vor einer Entscheidung zum
ersten Mal steht und noch keine spezifische erlernte Kontrollüberzeugung damit
verbindet? Nach Rotter hat der Mensch durch den Lernprozess der anderen Situationen zugehörigen Kontrollüberzeugungen eine generalisierte, situationsun-
abhängige Kontrollüberzeugung entwickelt, die neben den situationsspezifischen
Kontrollüberzeugungen existiert, und in unbekannten Situationen aktiviert wird.
Diese generalisierte Kontrollüberzeugung beeinflusst die Wahrnehmung jeder
unbekannten Situation, dementsprechend auch das Ausbilden der neuen situationsspezifischen Kontrollüberzeugung und weitergedacht damit zu einem gewissen Grad auch die spezifische Kontrollüberzeugung der neuen Situation an sich
(Mearns, 2018).

Auch die generalisierte Kontrollüberzeugung ist nicht nur auf die beiden Extreme
„internal" und „external" beschränkt. Vielmehr ist sie ebenso auf einem Spektrum
zwischen diesen beiden Extremen zu finden. Da die generalisierte Kontrollüberzeugung ein Produkt aus den schon erlernten spezifischen Kontrollüberzeugungen ist, lässt sie sich deshalb umso schwerer beeinflussen, je mehr situations-
spezifische Kontrollüberzeugungen schon gemacht wurden.

Dementsprechend sollte sie über Zeit und verschiedene Situationen weitgehend stabil bleiben bzw. sich nur langsam verändern. In jeder Situation hat der Mensch also eine generalisierte Kontrollüberzeugung sowie eine spezifische, auf die Situation bezogene Kontrollüberzeugung, deren Kombination dann die letztendlich wirklich vorliegende Kontrollüberzeugung ergibt (Hußtege, 1995, S. 14-19).

Der Unterschied zwischen „self-efficacy"/Selbstwirksamkeit und „locus of control"/Kontrollüberzeugung wird bei der Betrachtung eines Beispiels schnell deutlich: Die Kontrollüberzeugung bezieht sich auf den Grad der Beeinflussbarkeit des Ereignisses generell (aus subjektiver Sicht der Person), während die Selbstwirksamkeit die konkrete Möglichkeit des Beeinflussens *durch die Person selbst* meint (Rockstraw, 2007, S. 44-46).

Zur Verdeutlichung sei hier die folgende Situation genannt: Ein Schüler hat am nächsten Tag eine Schulaufgabe. Er hat noch nicht genug dafür gelernt, und denkt darüber nach, den Stoff am Abend nochmal zu wiederholen. Hat der Schüler in dieser Situation nun eine internale Kontrollüberzeugung, wird er das Gefühl haben, die Note der Schulaufgabe sei direkt durch seinen Lernaufwand und seine Lernfähigkeit beeinflussbar. Wenn der Schüler dann in dieser Situation zusätzlich zur internalen Kontrollüberzeugung auch noch eine hohe Selbstwirksamkeit hat, hat er das Gefühl, dass seine Lernfähigkeiten ausreichen, um eine gute Note zu erreichen, wenn er an diesem Abend den Stoff noch einmal durchgeht. Läge neben der internalen Kontrollüberzeugung hingegen eine niedrige Selbstwirksamkeit vor, hätte der Schüler zwar das Gefühl, sein Lernaufwand und seine Lernfähigkeiten könnten die Note der Schulaufgabe beeinflussen, jedoch würde er seine Lernfähigkeiten als ungenügend einschätzen, um durch die Wiederholung des Stoffes an dem Abend zu einer guten Note zu gelangen. Er wäre jedoch davon überzeugt, dass beispielsweise jemand mit besserer Lernfähigkeit in seiner Situation noch eine gute Note erreichen könnte.

Hätte der Schüler in der gleichen Situation eine externale Kontrollüberzeugung, wäre die Note seiner Meinung nach unabhängig vom Lernaufwand oder der Lernfähigkeit. Vielmehr könnte der Schüler denken, dass der Lehrer ihn nicht mag, und ihm deswegen doch sowieso eine schlechte Note geben werde.

Andererseits wäre es möglich, dass der Lehrer bekannt ist für seine schwierigen Schulaufgaben mit hohen Durchfallquoten, und aus Sicht des Schülers das Erreichen einer guten Note für jedermann unmöglich. In solchen Situationen mit externaler Kontrollüberzeugung erübrigt sich die Betrachtung der Selbstwirksamkeit weitgehend. Eine externale Kontrollüberzeugung ist nicht in Kombination mit hoher Selbstwirksamkeit möglich: wenn der Schüler das Gefühl hat, die Note wird durch Umstände außerhalb seiner Kontrolle bestimmt, ist es völlig unwichtig, wie lernfähig er ist. Man könnte die Selbstwirksamkeit also als ein der internalen Kontrollüberzeugung untergeordnetes Konzept beschreiben, da sie ohne diese nicht möglich ist.

Da Rotters soziale Lerntheorie (wie andere kognitive Theorien auch) auf der Betrachtung des Produktes der Erwartung (Wahrscheinlichkeit für Eintritt des gewünschten Ergebnisses) und des Wertes des gewünschten Ergebnisses basiert, kann man es auch als Erwartungswert-Modell bezeichnen. Der Begriff „Erwartungswert" entstammt der Spieltheorie bzw. Stochastik, und bezeichnet den erwarteten durchschnittlichen Wert einer Zufallsvariable bei unendlich vielen Wiederholungen eines Zufallsexperimentes (König, 2009, S. 28).

Die Verbindung zwischen diesem spieltheoretischen Konzept und der Lerntheorie Rotters lässt sich herstellen, da die kognitiven Theorien auf der Tatsache aufbauen, dass Menschen beim Treffen von Entscheidungen sowohl den Wert der möglichen Ergebnisse *als auch* die Wahrscheinlichkeit des Eintretens berücksichtigen. Verbindet man die stochastische Definition des Erwartungswertes, und verbindet sie mit den kognitiven Theorien, berechnet der Mensch also sozusagen einen Erwartungswert für seine verschiedenen Handlungsoptionen, und entscheidet sich *basierend auf diesem Erwartungswert* für eine der Optionen.

Rotter verwendet in seiner sozialen Lerntheorie den Begriff „Erwartung" für die (subjektiv eingeschätzte) Wahrscheinlichkeit für den Eintritt eines Ergebnisses, und den Begriff „Verstärkungswert" für den subjektiven Wert des Ergebnisses. Weiterhin bezeichnet Rotter das Produkt dieser beiden Variablen (also den stochastischen Erwartungswert) als das „Verhaltenspotential", die Wahrscheinlichkeit, dass dieses spezifische Verhalten auftritt.

Dementsprechend geht Rotter grundsätzlich davon aus, dass der Mensch die Entscheidung mit dem größten Erwartungswert trifft (Fuchs, 2019, S. 10-13).

Jedoch erkannte Rotter selbst, dass kein Mensch in der Realität immer perfekt rational handelt, und führte zur Lösung dieses Problems in seiner Theorie noch weitere Begriffe ein, die „irrationales" Verhalten beispielsweise durch eingeschränkten Verhaltensspielraum erklären sollten. Jedoch sollen diese hier mit Verweis auf die Literatur nicht weiter behandelt werden.

Wie Rotters Klassifikation der Kontrollüberzeugungen als „Persönlichkeitsmerkmale" schon vermuten lässt, können diese alle Lebensbereiche maßgeblich beeinflussen. Beispielsweise konnten konkrete Gesundheitsverhaltensweisen durch Kontrollüberzeugungen und Selbstwirksamkeit der Probanden in vielen Studien gut vorhergesagt werden (Lippke & Renneberg, 2006, S. 35-59).

Der Zusammenhang zwischen Gesundheitsverhalten und der Kontrollüberzeugung ist auch der Grund für den Entwurf des „health locus of control" von Wallston & Wallston (1982) und der zugehörigen MHLC („multidimensional health locus of control") Skalen, um die Kontrollüberzeugung im Gesundheitszusammenhang zu operationalisieren (S. 160).

Es konnte mit Hilfe solcher MHLC-Tests gezeigt werden, dass Menschen mit internaler Kontrollüberzeugung bessere Ergebnisse bei Fitness-Tests erzielten und sich öfters körperlich betätigten als Menschen mit externaler Kontrollüberzeugung. Gleichzeitig hatten die external kontrollüberzeugten Menschen insgesamt eine negativere Einstellung gegenüber sportlicher Betätigung, und in ähnlichen Studien konnten bei internal kontrollüberzeugten Menschen höhere Erfolgsraten beim Abschluss von Programmen zum Abnehmen gezeigt werden (Carlise-Frank, 1991, S. 381; Sonstroem & Walker, 1973, S. 1031).

Menschen mit internaler Kontrollüberzeugung unterscheiden sich auch in den Essensgewohnheiten von Externalen (Cobb-Clark, Kassenboehmer & Schurer, 2014, S. 1).

Raucher mit internaler Kontrollüberzeugung hören mit höherer Wahrscheinlichkeit selbst mit dem Rauchen auf, als solche mit externaler Kontrollüberzeugung (James, Woodruff & Werner, 1965, S. 186).

Auch sogenannte „stop smoking" Programme für Menschen, die mit dem Rauchen aufhören wollen, weisen in einer Untersuchung höhere Erfolgsraten bei internal kontrollüberzeugten Menschen auf (Best & Steffy, 1975, S. 155).

Auch bei Menschen mit diagnostizierter Krankheit scheint eine internale Kontrollüberzeugung das Ändern von ungewünschten Verhaltensweisen (oder die Aufnahme von gewünschten Verhaltensweisen wie Sport oder gesunde Ernährung) nach der Diagnose zu erleichtern (Park & Gaffey, 2007, S. 115).

Die Ergebnisse dieser Untersuchungen zeigen also, dass die „Internalen" von sich aus gesundheitsbewusster leben, und für das Fallenlassen ungesunder Verhaltensweisen weniger externe Motivatoren benötigen als „Externale". Dies ist für die Gesundheit von Bedeutung: die Gesundheitsrelevanz von körperlicher Betätigung und Übergewicht, Rauchen und Essgewohnheiten ist wissenschaftlich wie gesellschaftlich anerkannt. Es lässt sich diesen Erkenntnissen entsprechend also vermuten, dass eine internale Kontrollüberzeugung allgemein mit besserem Gesundheitsverhalten verbunden ist.

Eine Untersuchung eines daraus resultierenden möglichen Zusammenhangs des erreichten Lebensalters und der Kontrollüberzeugung liegt dem Autor zum Zeitpunkt der Fertigstellung nicht vor, jedoch wären signifikante Ergebnisse durchaus denkbar.

Aufgabenteil B2

Der Markt für professionelles Coaching hat sich in den vergangenen 5 Jahren beinahe verdoppelt (XING/Universität Salzburg, 2019).

Ein Teil dessen, was allgemein als „Coaching" bezeichnet wird, sind sogenannte Motivationstrainings. Diese werden Führungskräften verkauft als eine interessante Möglichkeit, die angeblich Mitarbeitermotivation und damit Leistung steigern soll. Mitarbeitern versprechen Motivationstrainer ein besseres Lebensgefühl, bessere Konzentrationsfähigkeit, gesteigerte Kreativität und allerhand weitere positiv anmutende Schlagwörter. Dabei wenden die Motivationstrainer gerne Methoden an, die sich für Laien „wissenschaftlich" anhören, um ihre Trainings zu legitimieren.

Eine dieser Methoden ist das Neurolinguistische Programmieren (NLP). Das NLP wurde in den 1970ern von John Grinder (einem Linguisten) und Richard Bandler (Psychologe und Mathematiker) entwickelt, mit dem Ziel, die von bekannten Psychotherapeuten verwendeten Kommunikationstechniken deutlich werden zu lassen, und somit auch anderen Menschen effektive Kommunikation möglich zu machen. Dabei postulierten die beiden unter Anderem, dass gute Kommunikation hauptsächlich durch die Struktur und Form, und weniger durch den konkreten Inhalt ausgemacht werde (Reuben, 1993, S. 446-448).

Grinder und Bandler beobachteten einige (ihrer Meinung nach) sehr gute Psychotherapeuten beim Gespräch mit Patienten, und versuchten aus diesen Beobachtungen ein Modell für menschliches Verhalten, Kognition und Kommunikation abzuleiten. Aus diesem Modell sollen dann Regeln und Methoden zu effektiver, personenbezogener Kommunikation und Kognition erschlossen werden (Heap, 2008, S. 1-2).

Gleichzeitig hat laut NLP jeder Mensch aus allen fünf Sinneskanälen einige, die er bevorzugt, und die für ihn effektiver in Wahrnehmung und Kommunikation sind. So gebe es angeblich Menschen, die besonders gut visuell verarbeiten können, andere seien kinästhetisch veranlagt (neuro-programmer.de, 2019).

Grundsätzlich geht das NLP auch davon aus, dass der Mensch „programmierbar" ist, dass man also alle Denk-/Verhaltensweisen bewusst ändern kann. Die Anwendung von Regeln/Methoden zur Kognition soll schließlich bei solchen Denk-/Verhaltensänderungen hilfreich sein. Hier setzen Motivationstrainings an.

Eine Methode des NLP, die in Motivationstrainings eingesetzt wird, ist das sogenannte „Ankern". Dabei wird eine bestimmte Reaktion mit einem Reiz verbunden, um die Reaktion (beispielsweise ein Gefühl von Freude) dann bewusst durch den Reiz jederzeit abrufen zu können (Landsiedel, 2019a). Das „Triggern" ist eine ähnliche Methode, nur dass der Reiz hier nicht bewusst vorgeführt wird.

Eine weitere in Motivationstrainings angewandte Methode des NLP ist die „Swish"-Technik. Hierbei wird ein ungewünschtes Gefühl durch ein gewünschtes verdrängt, indem man sich die Gefühle visuell vorstellt und austauscht (neuroprogrammer.de, 2019).

Auch das sogenannte Praliné-Muster kann bei Motivationstrainings zum Einsatz kommen. Dabei wird ein positives Bild mit einer als negativ empfundenen „Aufgabe" verbunden, um die Aufgabe attraktiver scheinen zu lassen (Dotz, 2009). Das NLP umfasst viele weitere, hier nicht erwähnte Techniken, von denen viele in den Literaturverweisen zu finden sind.

Die Techniken des NLP waren seit ihrer Entwicklung heftiger Kritik ausgesetzt. So konnten zahlreiche Studien keinerlei oder nur statistisch insignifikante Wirkungen finden (Sharpley, 1987, S. 103; Witkowski, 2012, S. 31).

Heap schreibt anklagend: "If the above assertions on representational systems (gemeint sind die Grundannahmen des NLP, Anm. d. Verf.) and their behavioural manifestations are correct, then Bandler and Grinder have made some very remarkable discoveries about the human mind and brain and they would have major implications for human psychology, particularly cognition and neuropsychology. Yet there is no mention of them in learned textbooks or journals devoted to these disciplines." (Heap, 2008, S. 5)

Neben dem Neurolinguistischen Programmieren ist die Autosuggestion oft ein Bestandteil von Motivationstrainings. Im Wesentlichen handelt es sich dabei um „gedankliche Selbstbeeinflussung": durch das ständige Wiederholen von entsprechenden Formeln wird versucht, den gewünschten Geisteszustand zu erreichen (Landsiedel, 2019b).

Im Gegensatz zu NLP ist Autosuggestion mindestens in einigen Fällen nachgewiesenermaßen wirksam. Der bekannte Placebo-Effekt ist ein solches Beispiel, das auf Autosuggestion basiert und von einigen Wissenschaftlern anerkannt wird (Turner et al., 1994, S. 1609).

Des Weiteren konnte eine Studie zeigen, dass die Lebensqualität bei kranken Menschen durch Autosuggestion beeinflusst werden konnte (Djauzi et al., 2017, S. 551).

Die Autosuggestion ist jedoch ein weitestgehend unerforschtes Gebiet, und Studien, welche signifikante Ergebnisse liefern, sind rar. Die Erkenntnisse über Autosuggestion scheinen meist anekdotischer Natur zu sein. Selbst der bewiesene Placebo-Effekt wird von manchen Forschern angezweifelt (Miller, Kaptchuk & Hróbjartsson, 2011, S. 1223).

Auf Grund der zweifelhaften und unzureichenden wissenschaftlichen Erkenntnisse ist die Wirksamkeit von Autosuggestion also als äußerst zweifelhaft anzusehen, und sie sollte nicht angewandt werden.

Ein weiteres Konzept von Motivationstrainings ist das sogenannte „Positive Denken". Es ist eng mit dem Neurolinguistischen Programmieren und der Autosuggestion verwandt: durch ständige Affirmationen oder Visualisierungen wird versucht, ein konstant hohes Niveau an positiven Gefühlen zu halten, um höhere Motivation und ein besseres Lebensgefühl zu erreichen. Jedoch konnte auch hier noch kein signifikanter Effekt nachgewiesen werden. Das Positive Denken wird von einigen kritisiert, da eine gleichbleibende Stimmung nicht natürlich und auf Dauer nicht gesund sei. Zudem könne bei Menschen, deren Geisteszustand der Affirmation nicht entspricht, das Bewusstsein auf vergangene Instanzen gelenkt werden, in denen Sie dann die Diskrepanz zwischen Affirmation und tatsächlichem Verhalten bemerken. Dadurch könnten dann wieder negative Gefühle aufkommen (Lee, Perunovic & Wood, 2009, S. 860).

Bei als Großveranstaltung konzipierten Motivationstrainings können Methoden der (noch relativ wenig erforschten) Massenpsychologie angewendet werden. Durch einen charismatischen Führer und rhetorische Methoden werden Menschen hierbei zu Handlungen bewegt, die sie von sich aus niemals getan hätten (Brudermann, 2010, S. 1).

Es sind noch viele weitere Bestandteile von Motivationstrainings denkbar, jedoch unterscheiden sich die Trainings auf Grund der Masse an Trainern und der uneinheitlichen Zertifizierungssituation in Deutschland. Dieser Umstand führt auch zu einer gewissen Schwammigkeit des Begriffes „Motivationstrainer". Der Begriff ist keine geschützte Berufsbezeichnung, im Prinzip kann sich hierzulande also jeder Mensch als Motivationstrainer bezeichnen. Dies macht umso deutlicher, dass geeignete Bewertungsmaßnahmen nötig sind, um aus unternehmerischer Sicht die Wirksamkeit solcher Programme einschätzen zu können.

Allgemein lässt sich an Motivationstrainings kritisieren, dass sie oft ein „pseudowissenschaftliches" Bild von sich abgeben. Es wird mit Methoden gepriesen, die sich schon nach kurzen Nachforschungen als entweder wissenschaftlich widerlegt oder zumindest noch nicht wissenschaftlich unterstützt herausstellen. Gleichzeitig kann man Motivationstrainings vorwerfen, dass diese ein Problem zu lösen versuchen, ohne dabei zu berücksichtigen, wie dieses Problem überhaupt entstanden ist. Motivationsprobleme im Beruf entstehen oft durch strukturelle Probleme am Arbeitsplatz (Yurtseven & Halici, 2012, S. 76).

Das Lösen von Problemen wie zu langer Arbeitszeiten, niedrigen Lohns, als langweilig empfundener Tätigkeiten oder sonstiger schlechter Arbeitsbedingungen und schlechten Arbeitsklimas dürfte wohl durch das Steigern der intrinsischen Motivation der Mitarbeiter auf Dauer nicht möglich sein, vielmehr sollten die Ursachen solcher Probleme bekämpft werden.

Eine tiefergreifende, wissenschaftliche Untersuchung der Wirksamkeit von Motivationstrainings wäre wünschenswert, um eine weitere kritische Auseinandersetzung möglich zu machen. Für Unternehmen könnte jedoch auch eine einfachere Evaluation nützlich sein, um Motivationstrainer aus betriebswirtschaftlicher Sicht beurteilen zu können.

Während betriebswirtschaftlich die Effizienz (Kosten-Nutzen-Relation) interessant ist, steht bei Motivationstrainings die Effektivität noch in Frage, die deshalb zuerst untersucht werden muss. Außerdem steht in diesem Beispiel die Wirksamkeit des Trainings in Frage. Bei Trainings, die als „motivationssteigernd" und in Folge „umsatzsteigernd" oder ähnlich beworben werden, sollten deshalb nach Kirkpatricks 4-Ebenen Modell hauptsächlich eine mögliche Verhaltensänderung sowie wirtschaftliche Ergebnisse untersucht werden (Reinhardt, 2016, S. 120-122).

Direkt nach Anschluss des Trainings können Vorgesetzte mit der Beobachtung von Mitarbeiterverhalten beginnen. So kann die Dauerhaftigkeit eines Trainingserfolges beurteilt werden. Hierbei sollten standardisierte Fragebögen verwendet werden, um Objektivität zu erhöhen. Die Beobachtung der Mitarbeiter kann parallel zu anderen Maßnahmen über längeren Zeitraum fortgesetzt werden. Des Weiteren wären selbsteinschätzende Interviews direkt im Anschluss und schließlich regelmäßig bis zu 6 Monate nach dem Training denkbar (Reinhardt, 2016, S. 120-121).

Wichtig sind die genaue Abgrenzung und wirkungsvolle Operationalisierung der untersuchten Gegenstände. In diesem Fall sind dies die Mitarbeitermotivation und (je nach Branche/Schwierigkeit der Erfassung) wirtschaftliche Ergebnisse wie gesteigerte Produktion oder höhere Verkaufszahlen. Während wirtschaftliche Ergebnisse recht einfach zu erfassen und beurteilen sein sollten, muss die Motivation effektiv operationalisiert werden. Wird die Evaluation des Trainings zum ersten Mal und nur zur Feststellung jeglicher Wirksamkeit durchgeführt, könnte eine wenig differenzierende Operationalisierung zeitsparend und zielführend sein.

Möglich wären also Fragebogen zur Beurteilung durch Vorgesetzte oder zur Selbsteinschätzung mit einer wenig differenzierenden Ratingskala, dafür jedoch mehreren Variationen derselben Fragen zur Steigerung der Validität. Dies würde auch die Auswertung der Evaluation vereinfachen. Diese erfolgt schließlich über den Vergleich der Selbst- und Fremdeinschätzung der Mitarbeitermotivation regelmäßig ab Abschluss des Trainings.

Aufgabenteil B3

Während explizite Motive erklären, wie der Mensch sein Selbstbild bewusst bei-zubehalten versucht, und seine Entscheidungen dementsprechend ausrichtet, sind implizite Motive unbewusste Bedürfnisse, die schon in der Kindheit entwi-ckelt werden. Im Rahmen der Eignungsdiagnostik gestaltet sich die Erfassung von expliziten Motiven recht einfach: Da sie vom bewussten Selbstbild dargestellt werden, werden explizite Motive durch einfache Selbstauskunft deutlich (Jansen, 2018, S. 94).

Auch die Relevanz und Voraussagekraft für berufliche Leistungen stellt sich bei expliziten Motiven recht offensichtlich dar. Schließlich stellt die eigene Motivation einen Teil der Qualifikation dar (dies wird schnell deutlich, wenn man aktuelle Stellenausschreibungen im Internet betrachtet), und sie kann gleichzeitig zur An-passung der Arbeitstätigkeiten sowie Arbeitsbedingungen an die Person verwen-det werden. Bei impliziten Motiven gestalten sich sowohl die Erfassung als auch das Erkennen der Relevanz in der Eignungsdiagnostik schwieriger. Die Relevanz in der Eignungsdiagnostik wird über die Voraussagekraft impliziter Motive für be-rufliche Erfolgsfaktoren bestimmt.

Die Voraussagekraft von impliziten Motiven für spätere (berufliche) Leistungen wurde in verschiedenen Studien und Metaanalysen bestätigt. Spangler attes-tierte dem mit Hilfe des TAT (Thematischer Apperzetionstest) gemessenen Leis-tungsmotiv eine größere Voraussagekraft als dem selbigen durch Fragebö-gen/Selbstauskunft gemessenen (Spangler, 1992, S. 140; Köhler, 2009, S. 47-48).

Auch die Gitter-Technik scheint über das Leistungsmotiv prädiktiv für Leistungs-faktoren zu sein (Schmalt & Sokolowski, 2000, S. 116-118; Köhler, 2009, S. 47-49).

Mit dem Leistungsmotiv scheint laut einer Analyse mehrerer Studien von John-son auch die konkrete Leistung im Beruf sowie die Berufswahl positiv zu korre-lieren (Johnson, 1990, S. 50-54).

Jedoch findet sich (auch in den zitierten Studien und Analysen) außer dem Leistungsmotiv kein oder nur ein geringer Zusammenhang zwischen Leistungen und anderen Motiven. Es ist außerdem zu beachten, dass sich die Voraussagekraft je nach verwendeter Methode der Motivmessung unterscheiden kann. Trotzdem scheint es sinnhaft zu sein, in der Eignungsdiagnostik zumindest das implizite Leistungsmotiv zu messen.

In der Darstellung der Relevanz impliziter Motive für die Eignungsdiagnostik fanden sich schon einige Methoden zur Messung impliziter Motive.

Der TAT ist ein projektives Verfahren, bei dem aus unklaren Bildern Geschichten gebildet werden sollen. Durch die subjektive Interpretation der Bilder, so die Theorie, projiziere die Testperson seine eigenen Gefühle in die Geschichte. Dabei wird jeweils immer nur eines der drei Hauptmotive gleichzeitig untersucht. Obwohl der TAT eines der bekanntesten und ältesten Verfahren zur Messung impliziter Motive ist, ist dessen Validität umstritten. So konnten einige Studien teilweise hohe Validität nachweisen (Alvarado, 2010, S. 59; McClelland & Koestner, 1992, S. 205-210), während andere Studien die Notwendigkeit guter Einführung und Testbegleitung für valide Ergebnisse betonen (Lundy, 2010, S. 316-320). Auch Reliabilität und Objektivität des TAT sind in Frage zu stellen (Köhler, 2009, S. 32). Der TAT kann also nur empfohlen werden, wenn er von Experten durchgeführt wird, und die Ergebnisse mit Blick auf die Kritikpunkte behandelt werden.

Die sogenannte Gitter-Technik kombiniert Elemente projektiver Verfahren wie des TAT und expliziter Motivmessung durch Fragebögen. Während der Testperson wie beim TAT unscharfe Bilder gezeigt werden, soll sie sich keine Geschichten dazu ausdenken, sondern aus einer Reihe von vorgegebenen Aussagen die jeweils zutreffenden auszuwählen. Durch die Gitter-Technik wird versucht, die Auswertung gegenüber voll projektiven Methoden zu vereinfachen, ohne Validität und Reliabilität zu opfern (Köhler, 2009, S. 32-33). Dieses Versprechen kann diese Methode einlösen: Die Gitter-Technik erreicht ähnliche Reliabilitäten wie Fragebögen und ähnliche Validitäten wie der TAT (Schmalt & Sokolowski, 2000, S. 115-123; Köhler, 2009, S. 32-22).

Die Gitter-Technik wurde im Laufe der Jahre verbessert und wird inzwischen in digitaler Form durchgeführt. Insgesamt ist die Gitter-Technik dem TAT auf Grund höherer Objektivität und Reliabilität bei mindestens gleichbleibender Validität grundsätzlich vorzuziehen (Köhler, 2009, S. 33).

Neben der Gitter-Technik will auch der operante Motivtest (OMT) die TAT-Methode mit standardisierbaren Methoden kombinieren. Beim OMT wird der Proband dazu gebeten, statt ganzen Geschichten nur Stichpunkte zu unscharfen Bildern zu geben. Außerdem kann der OMT mehr als ein Hauptmotiv gleichzeitig abfragen. Beim OMT konnten in Studien wie bei der Gitter-Technik gute Validitäten und Reliabilitäten gezeigt werden (Chasiotis, Eichstaedt, Kuhl & Scheffer, 2007, S. 311-321). Dementsprechend ist auch diese Methode dem TAT vorzuziehen.

Der Implizite Assoziationstest (IAT) versucht, durch die Messung von Reaktionszeiten auf zwei Dimensionen die impliziten Präferenzen darzustellen. Der IAT geht davon aus, „...dass Assoziationen zwischen zwei Zielkonzepten (z.B. „Ich" vs. „Andere") und zwei Attributen (z.B. „erfolgreich" vs. „nicht erfolgreich" beim Leistungsmotiv)" beim Probanden vorliegen (Köhler, 2009, S. 33).

Dem Probanden werden dann Wörter aus diesen beiden Dimensionen gezeigt, und er muss sie möglichst schnell einer Kategorie zuordnen. Meist erfolgt dies durch das Drücken einer Taste am Computer. Im Anschluss werden die Dimensionen gleichzeitig abgefragt: Die beiden Tasten sind dann zwei Wörtern aus unterschiedlichen Dimensionen gleichzeitig zugeordnet und Wörter aus allen Dimensionen werden abgefragt. Wenn die Wörter aus den beiden Dimensionen sich überlappen, also gleich bewertet werden, solle die Reaktion mit einer Taste schneller erfolgen, als wenn die beiden Wörter als gegensätzlich empfunden werden (Köhler, 2009, S. 33-34).

Der IAT zeigt teils gute Validitäten, ist weitaus objektiver als der TAT und kann deshalb empfohlen werden (Banaji, Greenwald & Nosek, 2005, S. 166; Banaji, Greenwald, Poehlman & Uhlmann, 2009, S. 17-41).

Jedoch ist die Konstruktvalidität schwierig zu beurteilen (Köhler, 2009, S. 34).

Ein weiterer Vorteil für die Eignungsdiagnostik ist, dass der IAT einfach und ohne Expertenhilfe durchzuführen ist, und sogar im Internet zur Verfügung steht.

Literaturverzeichnis

Alvarado, N. (1994). Empirical Validity of the Thematic Apperception Test. *Journal of Personality Assessment, 63(1)*, S. 59-79.
https://doi.org/10.1207/s15327752jpa6301_5

Banaji, M. R., Greenwald, A. G. & Nosek, B. A. (2005). Understanding and Using the Implicit Association Test: II. Method Variables and Construct Validity. *Personality and Social Psychology Bulletin, 31(2)*, S. 166-180.
https://doi.org/10.1177%2F0146167204271418

Banaji, M. R., Greenwald, A. G., Poehlman, A. & Uhlmann, E. L. (2009). Understanding and Using the Implicit Association Test: III. Meta-Analysis of Predictive Validity. *Journal of Personality and Social Psychology, 97(1)*, S. 17-41.
http://dx.doi.org/10.1037/a0015575

Best, J. A., & Steffy, R. A. (1975). Smoking modification procedures for internal and external locus of control clients. *Canadian Journal of Behavioural Science, 7(2)*, S. 155-165. http://dx.doi.org/10.1037/h0081904

Brudermann, T. (2010). *Massenpsychologie. Psychologische Ansteckung, kollektive Dynamiken, Simulationsmodelle.* Wien/New York: Springer

Carlise-Frank, P. (1991). Examining personal control beliefs as a mediating variable in the health-damaging behavior of substance use: an alternative approach. *Journal of Psychology, 125(4)*, S. 381-397.
https://doi.org/10.1080/00223980.1991.10543300

Chasiotis, A., Eichstaedt, J., Kuhl, J. & Scheffer, D. (2007). Towards an integrated measure of need affiliation and agreeableness derived from the Operant Motive Test. *Psychology Science, 49(4)*, S. 308-324.

Cobb-Clark, D. A., Kassenboehmer, S. C. & Schurer, S. (2014). Healthy habits: The connection between diet, exercise, and locus of control. *Journal of Economic Behavior & Organization*, 98, S. 1-28.
https://doi.org/10.1016/j.jebo.2013.10.011.

Djauzi, S., Pandelaki, J., Purba, J. S., Sadikin, M., Sari, N. K. & Setiati, S. et al. (2017). The role of autosuggestion in geriatric patients' quality of life: a study on psycho-neuro-endocrine-immunology pathway. *Society for Neuroscience, 12(5)*, S. 551-559. https://doi.org/10.1080/17470919.2016.1196243

Halici, A. & Yurtseven, G. (2012). Importance of Motivational Factors Affecting Employees Satisfaction. *International Business Research, 5(1)*, S. 72-79.
http://dx.doi.org/10.5539/ibr.v5n1p72

Heap, M. (2008). The Validity of some Early Claims of Neuro-Linguistic Programming. *Skeptical Intelligencer, 11*, S. 1-10

Hróbjartsson, A., Kaptchuk, T. J. & Miller F. G. (2011). Placebo effect studies are susceptible to response bias and to other types of biases, *Journal of Clinical Epidemiology, 64(11)*, S. 1223-1229. https://doi.org/10.1016/j.jclinepi.2011.01.008

Hußtegge R. (1995). *Kontrollüberzeugungen bei Personen mit Angststörungen: Veränderungen im Verlauf einer Reizkonfrontationstherapie in vivo mit kognitiver Vorbereitung.* Bielefeld: Universität Bielefeld.

James, W. H., Woodruff, A. B., & Werner, W. (1965). Effect of internal and external control upon changes in smoking behavior. *Journal of Consulting Psychology, 29(2)*, S. 184-186. http://dx.doi.org/10.1037/h0021909

Jansen, L. (2018), Motivation und Volition, 1. Auflage, Studienbrief der SRH Fernhochschule, Riedlingen.

Johnson, B. R. (1990). Toward a Multidimensional Model of Entrepreneurship: The Case of Achievement Motivation and the Entrepreneur. *Entrepreneurship Theory and Practice, 14(3)*, S. 39-54. https://doi.org/10.1177%2F104225879001400306

Lippke S. & Renneberg B. (2006). Theorien und Modelle des Gesundheitsverhaltens. In: *Renneberg B., Hammelstein P.* (Hrsgb.), Gesundheitspsychologie, S. 35-60. Berlin: Springer.

Lundy, A. (1988). Instructional Set and Thematic Apperception Test Validity. *Journal of Personality Assessment, 52(2)*, S. 309-320. https://doi.org/10.1207/s15327752jpa5202_12

McClelland, D.C. & Koestner, R. (1992). *The achievement motive.* In: C.P. Smith (Hrsgb.), Motivation and personality: Handbook of thematic content analysis (pp. 143-152). Cambridge: Cambridge University Press.

Park, C. L. & Gaffey, A. E. (2007). Relationships between psychosocial factors and health behavior change in cancer survivors: An integrative review. *Annals of Behavioral Medicine, 34(2)*, S. 115–134. https://doi.org/10.1007/BF02872667

Reinhardt, R. (2016). Personalmanagement. 4. Auflage. Studienbrief der SRH Fernhochschule, Riedlingen.

Reuben C. (1993). Neurolinguistisches Programmieren (NLP). In: *Revenstorf D.* (Hrsgb.), Klinische Hypnose. Berlin: Springer.

Schmalt, H. D. & Sokolowski, K. (2000). Zum gegenwärtigen Stand der Motivdiagnostik. *Diagnostica, 46*, S. 115-123. https://doi.org/10.1026//0012-1924.46.3.115

Sharpley, C. F. (1987), Research findings on neurolinguistic programming: Nonsupportive data or an untestable theory? *Journal of Counseling Psychology, 34(1)*, S. 103-107. http://dx.doi.org/10.1037/0022-0167.34.1.103

Sonstroem, R. J. & Walker, M. I. (1973). Relationship of attitudes and locus of control to exercise and physical fitness. Perceptual and Motor Skills, 36(3), S. 1031-1034. https://doi.org/10.2466%2Fpms.1973.36.3c.1031

Spangler, W. D. (1992). Validity of questionnaire and TAT measures of need for achievement: Two meta-analyses. Psychological Bulletin, 112(1), S. 140-154. http://dx.doi.org/10.1037/0033-2909.112.1.140

Turner, J. A., Deyo, R. A., Loeser, J. D., von Korff, M. & Fordyce, W. E. (1994). The Importance of Placebo Effects in Pain Treatment and Research. Journal of the American Medical Association, 271(20), S. 1609-1614. https://doi.org/10.1001/jama.1994.03510440069036

Wallston, K. A., Strudler Wallston, B., & DeVellis, R. (1978). Development of the Multidimensional Health Locus of Control (MHLC) Scales. Health Education Monographs, 6(1), S. 160–170. https://doi.org/10.1177/109019817800600107

Weiner, B. (1994). Motivationspsychologie (3. Auflage). Weinheim: Beltz.

Witkowski, T. (2012): A review of research findings on Neuro-Linguistic Programming. In: The Scientific Review of Mental Health Practice, 9(1), S. 29–40.

Wood, J. V., Perunovic, E., Lee & J. W. (2009). Positive Self-Statements: Power for Some, Peril for Others. Psychological Science, 20(7), S. 860-866. https://doi.org/10.1111%2Fj.1467-9280.2009.02370.x

Internetquellen

Ahle, M. E. (2002). *Elterliche Überzeugungen und Beurteilung des Fehlverhaltens gesunder und atopisch kranker Kinder.* Freie Universität Berlin. Abgerufen am 04.05.2019 unter http://webdoc.sub.gwdg.de/ebook/diss/2003/fu-berlin/2003/104/Kap03.pdf

Dotz, T. (2009). *Getting Motivated: The Godiva Chocolate Pattern!* Abgerufen am 04.05.2019 unter https://www.nlpco.com/godiva-chocolate/

Fuchs, L. (2019). *Verhaltenstheorie & kognitive Stile.* Abgerufen am 04.05.2019 unter https://wuecampus2.uni-wuerzburg.de/moodle/pluginfile.php/978183/mod_resource/content/1/Tutorium9_.pdf

Köhler, A. (2009). *Zur Validität reaktionszeitbasierter Motivmessung im Kontext der Personalauswahl.* Abgerufen am 03.05.2019 unter http://edoc.sub.uni-hamburg.de/hsu/volltexte/2009/2094/pdf/2009_Koehler_Antje.pdf

König, W. (2009). *Wahrscheinlichkeitstheorie I und II.* TU Berlin. Abgerufen am 01.05.2019 unter https://www.wias-berlin.de/people/koenig/www/WTSkript.pdf

Landsiedel, S. (2019a). *NLP Bibliothek: Ankern.* Abgerufen am 03.05.2019 unter https://www.landsiedel-seminare.de/nlp-bibliothek/practitioner/p-03-00-ankern-und-physiologie.html

Landsiedel, S. (2019b). *Coaching Methoden: Autosuggestion.* Abgerufen am 04.05.2019 unter https://www.landsiedel-seminare.de/coaching-welt/wissen/coaching-methoden/autosuggestion.html

Mearns, J. (2018). *The Social Learning Theory of Julian B. Rotter.* Abgerufen am 01.04.2019 unter http://psych.fullerton.edu/jmearns/rotter.htm

neuro-programmer.de (2019). *Einführung in das NLP.* Abgerufen am 04.05.2019 unter https://www.neuro-programmer.de/ebooks/Einfuehrung_in_das_NLP.pdf

Rockstraw, L. J. (2007), *Self-Efficacy, Locus of Control and the Use of Simulation in Undergraduate Nursing Skills Acquisition.* Abgerufen am 05.04.2019 unter https://idea.library.drexel.edu/islandora/object/idea%3A1224/datastream/OBJ/view

Stangl, W. (2019). *Kontrollüberzeugung.* Abgerufen am 01.05.2019 unter https://lexikon.stangl.eu/94/kontrollueberzeugung/

XING & Universität Salzburg (2018). *Coaching: Erfolgreiches Instrument der Personalentwicklung?* Abgerufen am 02.05.2019 unter https://swift.xingassets.com/v1/AUTH_xemail/production/xemail.xing.com/XING_Coaches/Whitepaper_Coaching_Instrument_der_Personalentwicklung_XING_Coaches.pdf